Vente du Lundi 21 Avril 1913

HOTEL DROUOT — SALLE N° 10

N° 92 du Catalogue.

ESTAMPES

DU

XVIIIe SIÈCLE

Mᵉ HUGUET
Mᵉ ANDRÉ DESVOUGES   M. LOYS DELTEIL

EXPOSITION PUBLIQUE, HOTEL DROUOT, SALLE N° 10
Le Dimanche, 20 Avril 1913, de 2 heures à 6 heures

FRAZIER-SOYE

GRAVEUR-IMPRIMEUR

153-155-157, Rue Montmartre

PARIS

CATALOGUE

DES

ESTAMPES

DU

XVIIIe SIÈCLE

Dont la vente aura lieu

à Paris, HOTEL DROUOT, Salle N° 10

Le Lundi 21 Avril 1913

à 3 heures 1/2 précises

Par le Ministère de Me ANDRÉ DESVOUGES

COMMISSAIRE-PRISEUR

26, Rue de la Grange-Batelière

Assisté de M. LOYS DELTEIL, Artiste-Graveur, Expert

2, Rue des Beaux-Arts

CONDITIONS DE LA VENTE

Elle sera faite au comptant.

Les adjudicataires paieront *dix pour cent* en sus des enchères.

M. Loys Delteil remplira les commissions que voudront bien lui confier les amateurs ne pouvant y assister.

MM. les Amateurs pourront visiter la collection 2, *rue des Beaux-Arts*, du Lundi 14 au Samedi 19 avril 1913, de 2 heures à 5 heures.

Exposition Publique, Hôtel Drouot, Salle N° 10, *le Dimanche 20 Avril 1913, de 2 heures à 6 heures.*

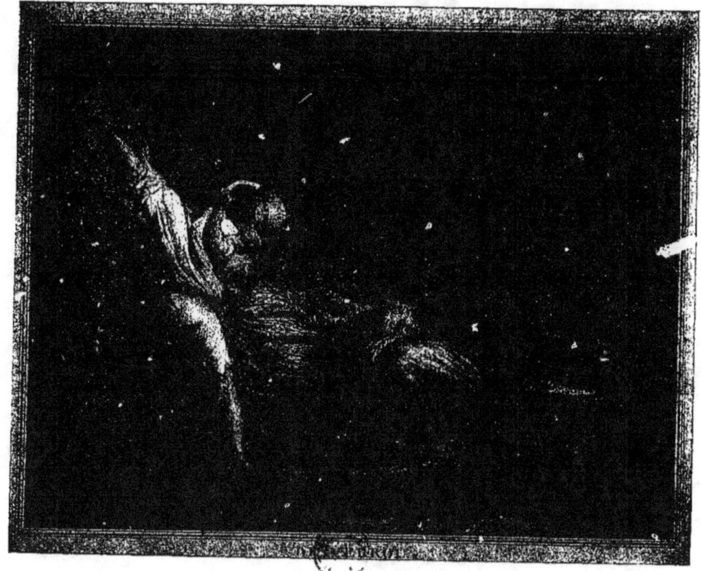

N° 47 du Catalogue.

DÉSIGNATION

ALIX (P. M.)

1. Louis XVIII, d'apr. Pasquier. Belle épreuve, *imp. en couleurs* (mouillures).

2. La Promenade du Soir, d'apr. Demarne. Belle épreuve, *imp. en couleurs.*

AUBERT (d'après)

3. Le Peintre, par Basan. Très belle épreuve.

AUBRY (d'après Etienne)

4. La reconnaissance de Fonrose, par R. De Launay. Très belle et rare épreuve, à l'*état d'eau-forte*.

BENWELL (d'après J. H.)

5. *Cupid disarmd — Cupid revenge*. Deux petites pl. de forme ovale. Belles épreuves, *imp. en couleurs* (très légèrement rognées).

BOILLY (d'après L.)

6. L'Amour couronné, par Cazenave. Belle épreuve (sans marge). Encadrée.

BOILLY et SCHALL (d'après)

7. Prélude de Nina — Le Modèle disposé. Deux pl., par A. Chaponnier, se faisant pendants. Belles épreuves.

BONNET (L. M.)

8. *The Milk Woman*. Belle épreuve, *imp: en couleurs* (avant le cadre doré).

BOUCHER (d'après F.)

9. Femme et Amour, par Petit. Très belle épreuve, *imp. en couleurs*.
10. Les Sens, par Huquier. Suite de six pl.

CARESME (d'après Ph.)

11. Le Marchand d'orviétan de campagne, par Bonnet. Belle épreuve, *imp. en couleurs*.

CHARDIN (d'après J. B. S.)

12. La Gouvernante, par Lépicié (24). Très belle épreuve (légère épidermure).

COCLERS (d'après L. B.)

13. Aspettare, par L. A. Claessens. Belle épreuve.

COQUERET (P. C.)

14. Triomphes d'Amours, d'après Raphaël, 4 pl. Belles épreuves, *imp. en couleurs.*

COSSE (d'après)

15. *The Family's Happiness*, par Place. Epreuve *imp. en couleurs* (sans marge sur 3 côtés, doublée).

COSTUMES ET COIFFURES

16. MODES ET COSTUMES FRANÇOIS : *Jolie femme Coeffée à la Reizer* — Marie Josephe de Savoye (A. 4ᵉ f.) — *Petit Maître en Frac du matin* (e, 26 f.) — Louis Stanislas Xavier de France. Quatre pièces. Très belles épreuves, *coloriées.*

17. Coiffures à la Thévenet, à l'Hérisson, à la Grenade et à la Vestris. Quatre pièces. Belles épreuves, coloriées (légères épidermures).

18. *Journal de la Mode et du Goût*, de Le Brun, 12 pl., doubles, *coloriées.*

19. Costume Parisien (La Mésangère), années 1809 à 1819, 25 pl. Très belles et rares épreuves, *avant la lettre.*

20. Costume Parisien (La Mésangère), an 7, an 8, et 1814, 16 pl. — Costumes et Modes, Caricatures sur les Coiffures, etc. Ensemble 22 pièces, la plupart *coloriées.*

21. Costume Parisien — Petit Courrier des Dames —
Observateur des Modes, etc. 57 pl. Très belles
épreuves, *coloriées*.

22. Costume Parisien (La Mésangère), 83 pl. *coloriées*,
en 2 vol. in-8, cart. (défraîchis) — Le Papillon,
Journal de Modes, 24 pl., soit ensemble 107 pl.
en 3 vol.

COUTELLIER

23. Joseph Menier. Belle épreuve, *imp. en couleurs*,
dans l'encadrement ancien.

DEBUCOURT (P. L.)

24. Route de Poissy, d'apr. C. Vernet (404). Belle
épreuve, *avant* les retouches, *coloriée*.

25. Départ du Roi de Lille, le 23 mars 1815, d'apr. de
Basserode (487), *avec* la pl. explicative. Très belle
épreuve.

26. La Croix d'Honneur — Le Drapeau (488-489). Deux
pl., se faisant pendants.

27. Adèle la Vénitienne — Mlle van Maelder — La
Belle Frascatane — Mlle Lundens (490-493). Quatre
pièces, *imp. en couleurs*, avec rehauts.

DE GOUY (A. M.)

28. Le Chiffre d'Amour, d'apr. Fragonard. Très belle
épreuve (très petite marge).

29. Le Verrou, d'apr. H. Fragonard. Très belle
épreuve (très petite marge).

DE MACHY (d'après P. A.)

29 *bis*. Environs de Rome, par Descourtis. Deux
planches se faisant pendants. Très belles épreuves,
imprimées en couleurs. Encadrées.

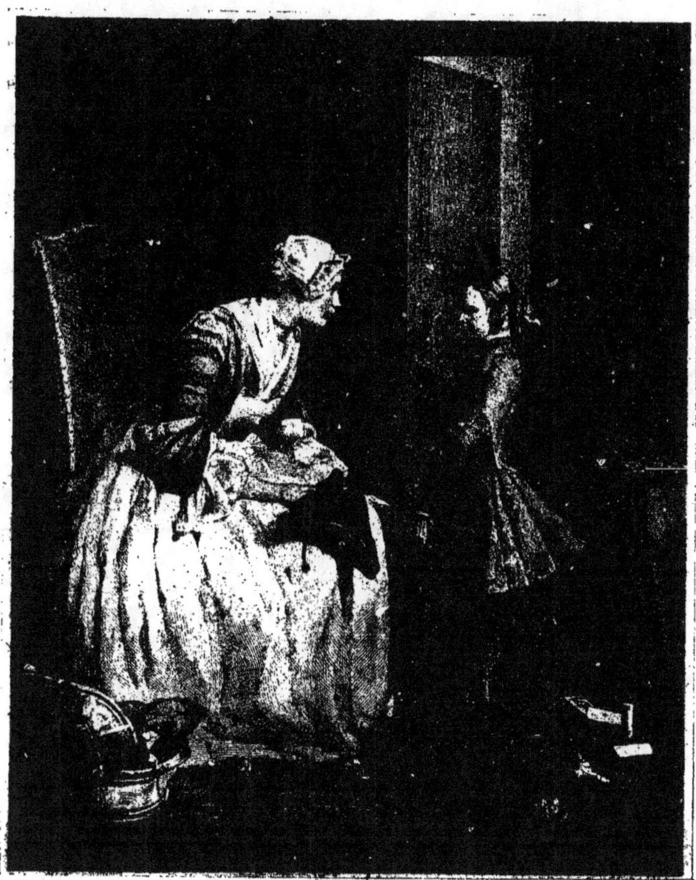

N° 12 du Catalogue.

DEMARTEAU (G.)

30. Amours sur des Dauphins, d'après F. Boucher (108). Belle épreuve, *tirée en sanguine.*

31. Figures, d'après F. Boucher (n°s 200-201-202). Trois pièces. Très belles épreuves, *tirées en sanguine.*

32. Buste de Femme, d'apr. Vanloo (n° 521). Belle épreuve, *tirée en sanguine.*

33. La Vierge et l'Enfant Jésus, d'après C. Eisen (n° 570). Très belle épreuve, *tirée en sanguine.*

DESRAIS (d'après C. L.)

34. Les Regrets inutiles. Très belle épreuve, *avant toute lettre, tirée en bistre.*

ECOLE FRANÇAISE ET ANGLAISE

35. Partant pour St-Cloud (à Paris, chez Basset). Très belle épreuve, *coloriée.*

36. Innocence — The Little Plunderer, 2 petites pl. de forme ovale, se faisant pendants. Belles épreuves. Encadrées.

37. Sujets gracieux, 2 pl. de forme ronde, par Marcuard, d'après A. Kauffman et Hamilton.

38. L'Amant curieux, par Le Veau, d'après Loutherbourg — Les trois Grâces, par Eléonore Hemery — La Cuisinière hollandaise, par Wille, d'après Metzu. Trois pièces.

39. La Solitude, par Tresca, d'après Boilly — Etude de la Musique. par Bonnet, d'après Le Clerc — Le Peintre, par Surugue fils, d'après Chardin. Trois pièces. Bonnes épreuves.

40. Maternal Attention — Maternal Conduct. Frises dans le goût antique. Quatre pièces. Belles épreuves (2 *coloriées*).

41. Le Bouquet — l'Elysée — Night — A l'Amour il faut se rendre — Ques-la. Cinq pl. d'après Eisen, Challe, Cazenave, etc.

42. On la tire aujourd'hui — La Sçavante — *Sorrows of Werter* — *The Mirror of Vénus* — Qu'en pensez-vous — Le Méridien — (Le Berger) — Mlle Favart, 8 pl. d'après Boilly, Jeaurat, Schall, etc.

43. La Fille confuse — Primi delicti... — Lolotte et Werther — La Servante congédiée, etc., 9 pl., d'après Greuze, Le Barbier, S. Amand, etc. (une *imp. en couleurs*).

44. *The Flower Girl* — Lac du petit Trianon — Le Coucher et le Lever de la Mariée — Fénelon — Versailles — Festin espagnol — Pélerinage à St-Nicolas, 10 pl. (plusieurs *imp. en couleurs* ou *coloriées, 3 avant la lettre*).

EISEN (d'après Ch.)

45. La Nuit, par Patas. Belle épreuve, *tirée en 2 tons* (pli).

FRAGONARD (d'après H.)

46. La Bonne Mère, par N. De Launay. Belle épreuve (petites cassures et mouillures).

47. Le Verrou, par Blot. Très belle épreuve.

48. L'Inutile Résistence (sic), parodie du Verrou (1er Empire). Deux belles épreuves, une *imp. en couleurs* (chez Basset).

49. L'Amour Ingénieux — Télémaque et Eucharis. Deux pièces par Legrand Furcy, se faisant pendants. Très belles épreuves, *tirées en 2 tons*.

GREUZE (d'après J. B.)

50. L'Accordée de village — Le Paralytique servi par ses Enfants, 2 pl., par Alix, se faisant pendants. Belles épreuves, *imp. en couleurs*. Encadrées.

51. Le Malheur imprévu, par R. De Launay. Belle épreuve.

52. La Petite Fille au chien, par Porporati. Belle épreuve (légère cassure),

GUYOT (L.)

53. Vue de la Place de Louis XV, d'après Sergent — Le Gros Hêtre. Deux pl. Belles épreuves, *imp. en couleurs.*

HUET (d'après J. B.)

54. Le Départ du Marché, par L. Legrand. Très belle épreuve, *imp. en couleurs* (toutes marges).

55. Le Tambour National, par Bonnet. Belle épreuve, *imp. en couleurs* (petites restaurations).

HUET-VILLIERS (d'après)

56. Hébé, par H. Cardon. Très belle épreuve, *imp. en couleurs*, avec rehauts.

ISABEY (d'après J. B.)

57. Mme Dugazon, par Monsaldy. Belle épreuve, *imp. en couleurs*, avec rehauts.

JANINET (J. F.)

58. Villa Sachetti, d'apr. H. Robert. Très belle épreuve, *imp. en couleurs* (très légère cassure).

58 *bis*. Vestiges d'un Temple de la Grèce — Les Restes d'un Palais Egyptien. Deux pièces d'après Panini, se faisant pendants. Très belles épreuves, *imprimées en couleurs*. Encadrées.

59. Le Nouveliste, d'après Ostade. Belle épreuve, *imp. en couleurs.*

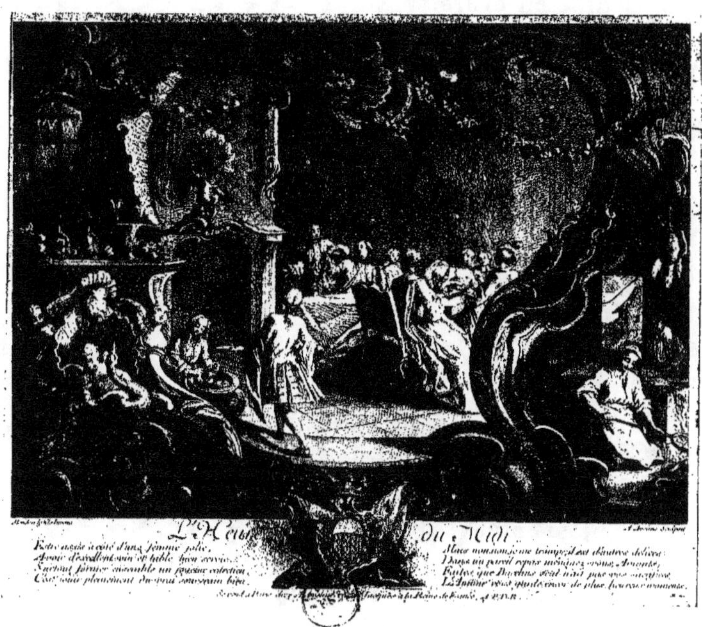

N° 79 du Catalogue.

JEAURAT (d'après E.)

60. Déménagement d'un Peintre, par Duflos. Très belle épreuve.

JEUX

61. Nouveau Jeu de L'Himen (à Paris, chez M. Aubert). Belle épreuve.

KAUFFMAN (d'apr. A.)

62. *The Meeting of Eloisa and Abelard in the Elysian Fields*, par F. Bartolozzi, 1784. Très belle épreuve, tirée en bistre.

KREIZINGER (d'après)

63. *Maria Ludovica Rome Imperatix Regina Hungariae...* par Kieninger. Superbe épreuve.

LAFITTE (d'après)

64. Les Mois. Suite de 12 pl., par Tresca, *imp. en couleurs* (tachées).

LANCRET (d'apr. N.)

65. Le Faucon, par N. de Larmessin (32). Très belle épreuve du 2ᵉ état (sur 4).

66. Le Gascon puni, par N. De Larmessin (35). Très belle épreuve du 1ᵉʳ état.

67. Le Glorieux, par N. Dupuis (37). Belle épreuve du 2ᵉ état (sur 3) (légères piqûres).

68. Nicaise, par N. de Larmessin (53). Belle épreuve, *avant* l'adresse de Buldet.

69. A Femme avare, galant escroc (2), 3ᵉ état (sur 4) — On ne s'avise jamais de tout (55) — 1ᵉʳ état. Deux pièces. Belles épreuves (la 1ʳᵉ tachée).

LAVREINCE (d'apr. N.)

70. Les Offres séduisantes, par Delignon (43). Belle épreuve.

71. La Soubrette confidente, par Vidal (61). Belle épreuve.

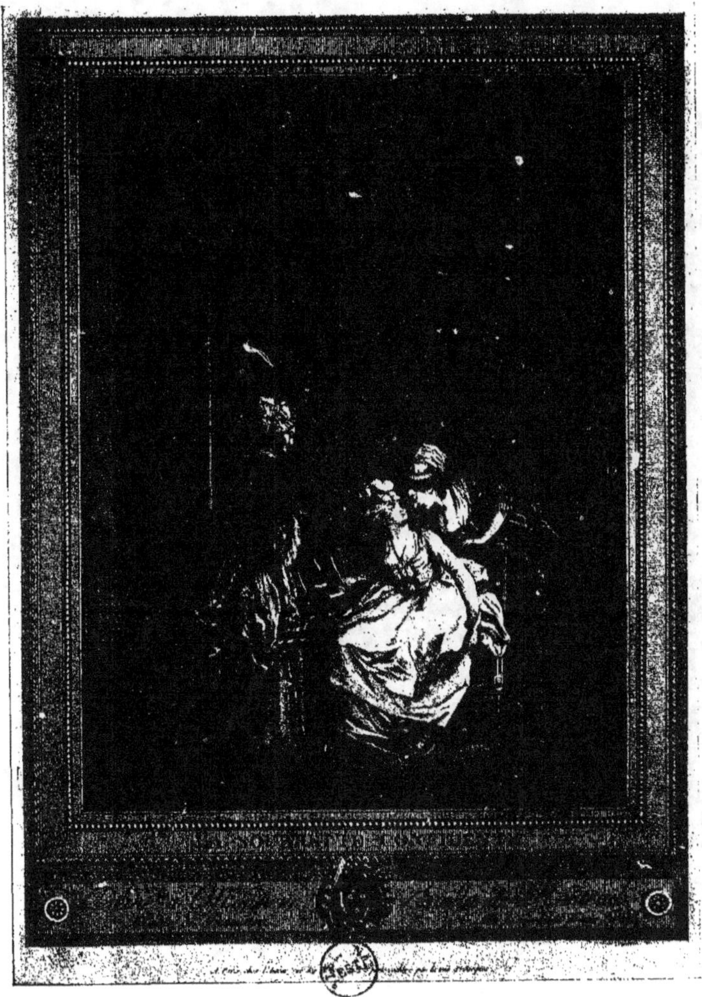

Nº 71 du Catalogue.

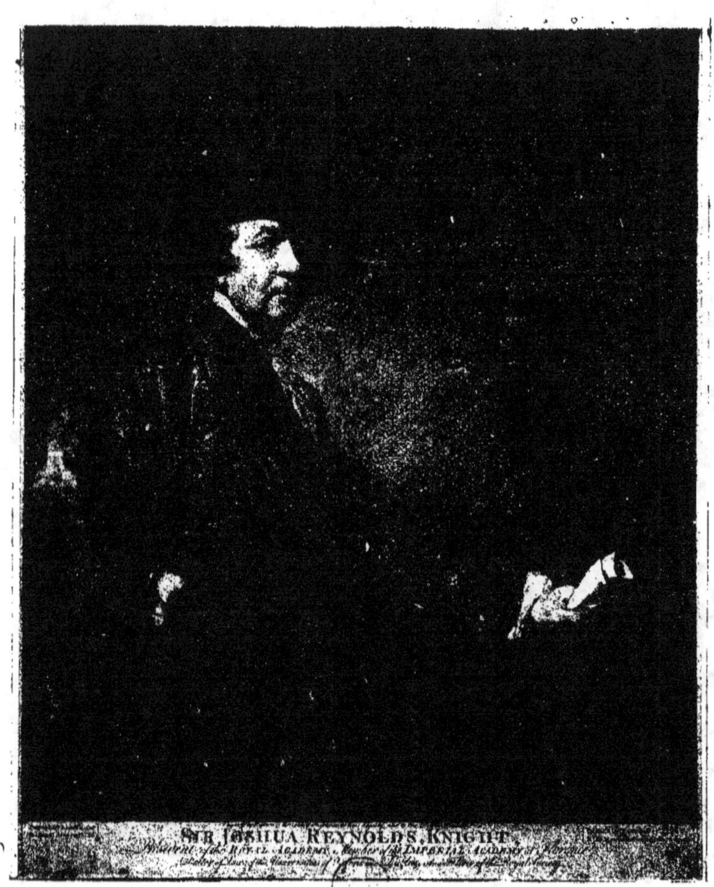

Nᵒ 89 du Catalogue.

LAWRENCE (d'après Sir Thomas)

71 *bis*. Miss Farren, par F. Bartolozzi. 1792. Belle
épreuve, tirée en bistre (petites épidermures et
salissures). Encadrée.

LAWRENCE et JUDKINS (d'après)

72. *Childhood's companion (Miss Peel)*, par S. Cou-
sins — Market Girl, *avant la lettre*. Deux pièces.

LE CLERC (d'après)

73. L'Heureuse Esclave, par Deny. Belle épreuve.

LE PRINCE (J. B.)

74. Jésus au milieu des Docteurs — Le Cabaret ambu-
lant — Costumes Russes — Le Guet. 21 pl. Très
belles épreuves (11 *tirées en bistre*).

LE PRINCE (d'après J. B.)

75. L'Amour à l'espagnole, par S' Aubin et Pruneau
(455). Belle épreuve.

MALLET (d'après)

76. La Montreuse de Marmotte, par Benoist. Très
belle épreuve *tirée en 2 tons*.

MARILLIER (d'après C. P.)

77. Pygmalion et Galatée, par Avril. Belle épreuve.

MARTINI (P. A.)

78. Exposition au Salon du Louvre en 1787. Belle
épreuve avec dédicace à *Monsieur de Machy*.

MONDON Fils (d'après)

79. Les Heures du Jour. Suite de quatre pièces, par A. et F. Aveline. Très belles épreuves.

MONNET (d'après Ch.)

80. L'Amour en embuscade — Le Repos de l'Amour. Deux pl. par Rosalie Thomas, se faisant pendants. Très belles épreuves, *tirées en bistre.*

MORLAND (d'après G.)

81. Gold Morning, par Graham. De forme ovale. Très belle épreuve, *imp. en couleurs*, petite marge.

82. L'Hiver, par A. Legrand. Très belle épreuve (petite épidermure).

PATER (d'après J. B.)

83. Le Courtisane amoureuse, par Fillœul. Très belle épreuve.

PATER et VLEUGHELS (d'après)

84. Le Cocu battu et content — Le Villageois qui cherche son veau, 2 pl. par Fillœul et Larmessin.

PIECES HISTORIQUES

85. Auguste Cérémonie du Sacre de Louis XVI, par Berthet — Avènement de Louis XVI et de Marie-Antoinette, par Patas. Deux pièces. Belles épreuves.

86. La France reçoit des mains de l'Autriche le premier fruit de leur alliance, par A. Boizot — Le Triomphe de la Montagne, par Lelu — Vieux Rentier et vieux Pentionnaire, 3 pl.

QUEVERDO (d'après F. M.)

87. Nouvelle du Bien aimé, par Romanet. Très belle
épreuve (légère cassure),

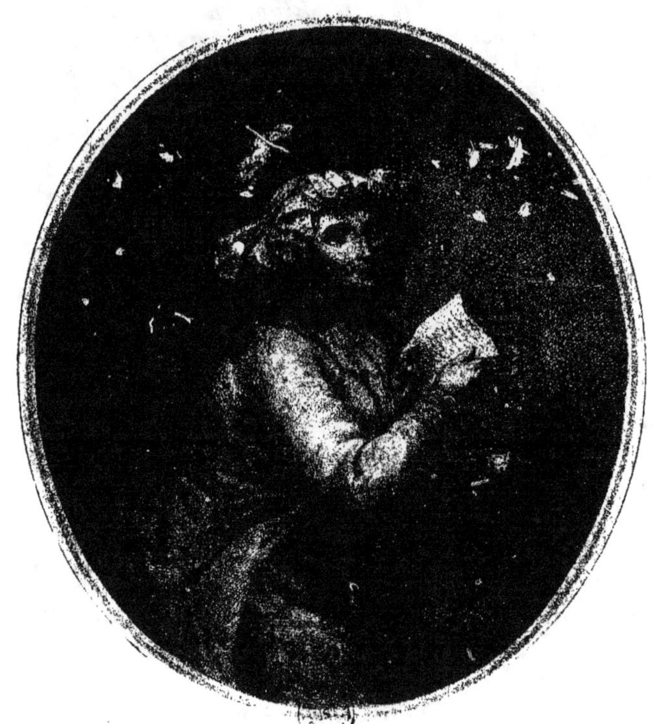

N° 81 du Catalogue.

RAMBERG et BAUDOUIN (d'apr.)

88. Scène de Werther? par Bartolozzi. De forme ronde,
imp. en couleurs, rehauts (filet de marge) — Les
Amants surpris, par Harleston (manque de con-
servation). Deux pièces. Encadrées.

REYNOLDS (d'après Sir Joshua)

89. Reynolds (Sir Joshua), par V. Green, 1780 (A. W. 105). Très belle et rare épreuve du 2ᵉ état (sur 5).

90. *The Honourable Miss Bingham — The Rᵗ Honᵇˡᵉ Countess Spencer.* Deux pièces par Aug. Legrand, se faisant pendants. Très belles épreuves, *imp. en couleurs.*

91. James Paine et son Fils, par Watson. Belle épreuve.

SAINT-AUBIN (Gabriel de)

92, Marchande en plein vent. *Pièce non décrite.* Très belle épreuve, *tirée en bistre.* Très rare.

SAINT-AUBIN (Aug. de)

93. Au moins soyez discret — Comptez sur mes serments. Deux pl., se faisant pendants. Epreuves rognées (piqûres). Encadrées.

TAUNAY (d'apr. N. A.)

94. La Tourterelle poursuivie, par Coqueret. Belle épreuve, *imp. en couleurs.*

TOUZÉ (d'après)

95. La Présidente Tourvel, par R. Girard. Belle épreuve, *imp. en couleurs*, légers rehauts.

VALLET (d'après)

96. Ques-la, par A. Le Grand. Très belle épreuve.

VANLOO (d'après Carle)

97. La Confidence — La Sultane. Deux pièces, par Beauvarlet, se faisant pendants. Belles épreuves, *avant toute lettre*, une *signée* du graveur (doublées).

98. Prie (Mme de), par J. Chereau. Très belle épreuve.

VERNET (d'après H.)

99. Général de Division, par Levachez (n° 13). Très belle épreuve, *coloriée*.

WATTEAU (d'après Ant.)

100. Escorte d'équipages, par L. Cars (56). Très belle épreuve.

101. Bon Voyage, par B. Audran (169). Très belle épreuve.